Inhalt

Fusionen - Notwendigkeit und Problematik

Kernthesen

Beitrag

Fallbeispiele

Weiterführende Literatur

Impressum

Fusionen - Notwendigkeit und Problematik

M. Westphal

Kernthesen

- Unternehmens-Fusionen nehmen aufgrund von niedrigen Börsenbewertungen zu.
- Für kleinere und mittlere Unternehmen stellen Fusionen oft die einzige Möglichkeit zum strategischen Wachstum dar.
- Viele Fusionen scheitern an den unterschiedlichen Unternehmenskulturen, verschiedenen IT-Verfahren oder anderen "weichen" Faktoren.
- Geschäftsführer von fusionierenden IT-Gesellschaften stehen verstärkt unter dem Druck, Synergiepotenziale zu realisieren.

Beitrag

Zunahme von Fusionen aufgrund niedriger Börsenbewertungen

Niedrige Börsenbewertungen erhöhen die Anzahl potenzieller Übernahmekandidaten. Der Preis, der für ein gestandenes Unternehmen mit einer guten Marke und gut eingeführten Produkten zu zahlen ist, scheint zum Teil niedrig wie nie zu sein. Neben den Zielen, einen Konkurrenten zu bekämpfen, überwiegen häufig die Ziele, zu wachsen, oder Marktanteile zu gewinnen. Darüber hinaus ist vor allem in der Energie- und Telekommunikations- oder auch der Wasserbranche ein verstärkter Trend zur Fusion von Unternehmen erkennbar, um notwendige Skaleneffekte oder ein Gesundschrumpfen eines Industriebereiches zu erreichen.

Kleinere und mittlere Unternehmen können ihre strategische Ausrichtung nur durch externe Schritte

verwirklichen

Gerade für kleinere und mittlere Unternehmen wird sich die Tendenz zum Zusammenschluss von Unternehmen oder dem Abstoßen von Teilbereichen verstärken, da nur durch diese externen Wachstums- oder De-Investmentschritte von nicht zum Kernbereich gehörenden Unternehmensbereichen, eine sinnvolle und erfolgreiche strategische Ausrichtung erzielt werden kann.

Gründe für das Scheitern von Fusionen

Viele Unternehmen erhoffen sich durch das radikale Vorgehen bei einer Fusion eine Lösung von wesentlichen Problemen und sind dafür auch zur Übernahme von erhöhten Risiken bereit. Eine drastische Veränderung von Strategie oder Struktur eines Unternehmens lässt sich über Fusionen oder Übernahmen in viel kürzerer Zeit bewältigen als durch internes Wachstum und evolutionären Wandel. (1)

Darin liegen aber auch die Hauptfaktoren für ein Scheitern von Fusionsvorhaben begründet, da in den obligatorischen und an harten finanziellen und technischen Faktoren orientierten "Due Dilligences" gerade die kulturellen "weichen" Faktoren nicht berücksichtigt werden.

Dieses war auch der Ausgangspunkt für viele gescheiterte Projekte, da insbesondere im personellen Bereich nicht ersichtlich war, wer das Unternehmen nach dem Zusammenschluss führt. Fehlende Personal- und Führungskonzepte und auch zu wenig Kommunikation führen zu einem "Wehren" des erworbenen Unternehmens gegen die Fusion, wodurch wesentliche Synergiepotenziale vernichtet werden. (2)

Zum Scheitern verurteilt sind Fusionen auch dann, wenn keine klare Strategie vorhanden ist, auch wenn in der Regel diesem Faktor eine geringere Bedeutung zuzurechnen ist, als dem Fehlen von einem "weichem" Fit.
Die Frage nach der Vorgehensweise für einen erfolgreichen Fusionsprozess wird von verschiedenen Beratern unterschiedlich beantwortet.

Contrast Management Consulting

Es muss eine klare Strategie für das gemergte Unternehmen vorhanden sein. Auch die Post-Merger-

Phase (PMI-Phase) sollte durch einen klaren Projektplan strukturiert sein. Dabei muss so früh wie möglich das zukünftige Führungsteam bestimmt werden, welches dann ein strategisches Detailkonzept ausarbeitet, um die Phase der Verunsicherung im Management so kurz wie möglich zu halten. Das strategische Detailkonzept muss auch die neue Unternehmenskultur und Corporate Identity beinhalten. Durch kontinuierliche Kommunikation der Führungskräfte mit ihren Mitarbeitern über das "Warum" der Fusion soll deren Begeisterung entfacht werden. Sie müssen die Chance erkennen und verstehen, die in diesem Merger für sie und das Unternehmen steckt und das Ganze nicht als Bedrohung ansehen. Nur durch eine ganzheitliche und harmonische Integration kann ein Gelingen der Fusion in sämtlichen Ebenen des Unternehmens sichergestellt werden. (2)

Roland Berger Strategy Consultants

Roland Berger Strategy Consultants sehen die Erfüllung von sieben Voraussetzungen als elementaren Baustein für das Gelingen einer Fusion:

1. Strategischer Unterbau

2. Vorplanung (Wie und was soll integriert werden?)
3. Während des Integrationsprozesses zunächst die Organisation auf oberster Ebene stabilisieren
4. Kunden müssen bei der Stange gehalten werden
5. Prozessmanagement (inkl. verfeinerter Zeitplan und konkretisierte Ziele)
6. Kommunikation (Erfolge / "Quick Wins", Zeitplan, "Info-Broschüren")
7. Controlling und Incentives (Maßnahmen und deren Zielerreichung kontinuierlich überprüfen und belohnen)
(3)

C-Sar-Consulting

C-Sar-Consulting empfiehlt ein Drei-Phasen-Vorgehen:

1. Die gemeinsame Vision wird formuliert, in der auch die zukünftige Unternehmenskultur manifestiert wird. Starten eines Veränderungs-Managements, welches auch alle weiteren Phasen des Zusammenschlusses begleitet.
2. Integration der Geschäftsprozesse unter wirtschaftlich-strategischer Sicht
3. Erarbeitung eines integrativen Konzeptes für die IT-Landschaft mit nachfolgendem IT-Bebauungsplan.

(4)

Gemeinsam ist allen drei Ansätzen eine starke Fokussierung auf die "weichen" Faktoren wie gemeinsame Vision, neue und einheitliche Unternehmenskultur und kontinuierliche Kommunikation. Die erfolgreiche Berücksichtigung dieser Faktoren lässt die Fusion auch in allen anderen Ebenen des Unternehmens erfolgreich verlaufen.

Wie können z. B. Fusionen von IT-Gesellschaften besser gemanaged werden?

Im Rahmen eines Fusionsprozesses kommt auch der Zusammenführung der unterschiedlichen IT-Infrastrukturen eine große Bedeutung zu. Wenn es sich dann bei den fusionierenden Unternehmen auch noch um zwei IT-Unternehmen handelt, nimmt die Brisanz dieses IT-Merges noch zu.

Best-Fit-Ansatz

In diesem Falle kann die Nutzung des "Best-Fit-

Ansatzes" und die damit verbundene Bildung von Synergie Scorecards helfen, realistische Prognosen zu treffen und den realisierten Erfolg zu messen. Im Rahmen des Best-Fit-Ansatzes werden die Leistungen der Fusionspartner gegenüber gestellt, Benchmarks ermittelt und notwendige Synergiepotenziale herausgearbeitet. Es werden Personalkapazitäten, Kosten und Mengengerüste standardisierter Leistungspakete (die aus einem Bündel von Einzelleistungen bestehen können) miteinander verglichen. Dabei muss auch ein evtl. abweichender Umfang und eine unterschiedliche Qualität des Outputs berücksichtigt werden.

Um ein Synergiepotenzial bewerten zu können, müssen geschätzte Synergieeffekte (z. B. Kosteneinsparungen, Qualitätssteigerungen zur Verbesserung des IT-Betriebs, Reduzierung des Wartungsaufwands, Know-How-Gewinn) dem entsprechenden Realisierungsaufwand (z. B. Investitionskosten, Remanenzkosten wie Sonderabschreibungen) gegenübergestellt werden. Aus diesen gewonnenen Daten kann dann ein Synergieprogramm in Form einer Road-Map entwickelt werden, differenziert nach Maßnahmen und geplanten Realisierungszeiten.

Synergie Scorecards

Verbindliche Zielvereinbarungen können mit Hilfe von Synergie Scorecards getroffen werden, in denen jedes zu realisierende Leistungspaket mit Annahmen und konkreten Zielvorgaben erfasst wird. Ähnlich wie bei Balanced Scorecards lassen sich neben rein finanzwirtschaftlichen Zielen auch qualitative oder strategische Ziele (wie z. B. Erhöhung der Lösungsquote des User Help Desks) abbilden. Fragen, die im Vorfeld einer IT-Partner-Fusion zu beantworten sind, sind:

- Ziele der IT-Fusion

- Strategische Positionierung des fusionierten IT-Dienstleisters

- Möglichkeit der Zusammenlegung von Standorten oder Abbau von Mitarbeitern

- Einschränkende Faktoren

Die Erarbeitung von Synergiepotenzialen sollte in einem sechs Schritte umfassenden Programm gemanaged werden:

- Identifikation Synergiepotenziale

- Bewertung Synergiepotenziale

- Abgeleitete und priorisierte Maßnahmen

- Umsetzungsprogramm

- Umsetzen der Maßnahmen

- Messung und Beurteilung des Umsetzungserfolges

(5)

Fallbeispiele

Die KPMG Deutschland hat in einer Studie Fusionstransaktionen unter Beteiligung börsennotierter deutscher Unternehmen im Zeitraum von 1998 bis Frühjahr 2001 untersucht. Erfasst wurden in dieser Studie 154 Transaktionen, die jeweils einen Wert von mehr als 150 Millionen Euro hatten.
Nur 38% dieser Fusionen haben einen bedeutsamen Wert für die Aktionäre geschaffen. Dagegen hat sich der Aktienkurs von 59% der involvierten

Unternehmen deutlich verschlechtert. Als Indikator oder Maßindex für die "bedeutsame Schaffung von Wert" wurde definiert, dass sich in diesen Fällen der risikogewichtete Aktienkurs der betreffenden Unternehmen im Jahr nach der Ankündigung der Transaktion um mindestens 5% besser entwickelt hat als der Branchenindex. Analog dazu wurde von Wertvernichtung gesprochen, wenn die Kursverluste mehr als 5% gegenüber dem Branchenindex betrugen.
Darüber hinaus wurde eine Korrelation festgestellt zwischen "erfolgreichen Transaktionen" und daran beteiligten Unternehmen, "deren Aktienkurse sich im Jahr vor der Ankündigung im Vergleich zum Branchenindex schlecht entwickelt haben". Außerdem wurden gute Erfolge bei Zusammenschlüssen in "ausgereiften" Branchen wie z. B. Grundstoffe, Versorgung und Automobil beobachtet und bei Zusammenschlüssen, bei denen die Käufer weniger als 25% vom Zielunternehmen übernahmen. (1)

Kompetenzentscheidungen, die erst nach Vertragsunterzeichnung bearbeitet werden, können ein Entscheidungsvakuum erzeugen. So berichtet Roland Berger Strategy Consultants von einem Fall, bei dem ein deutsches Elektronikunternehmen nach eingeleiteter Fusion zunächst ein Dreivierteljahr handlungsunfähig war, weil zunächst der blockende

Chef der französischen Partner-Firma ausbezahlt werden musste. (3)

Ebenso können mangelnde Kompetenzabstimmungen dazu führen, dass zwei Verkäufer der neuen, fusionierten Firma miteinander zum Kunden gehen und vor dem Kunden über die interne Aufgabenverteilung streiten. (6)

Weiterführende Literatur

(1) Die meisten Fusionen vernichten Wert
aus Frankfurter Allgemeine Zeitung, 23.05.2002, Nr. 117, S. 25

(2) Fusionen stossen Unternehmen oft vor den Kopf Martin Unger von Contrast Management Consulting im Interview mit dem WirtschaftsBlatt über schwer wiegende Fehler beim Integrationsprozess
aus WirtschaftsBlatt, 01.06.2002, Nr. 1633, S. E23

(3) Mergers&Acquisitions, Drum prüfe, wer sich ewig bindet..., Markt und Technik, Heft 17/2002, S. 54
aus WirtschaftsBlatt, 01.06.2002, Nr. 1633, S. E23

(4) Fusionen/die Post-Merger-Phase entscheidet über den Fusionserfolg. Soft Facts wichtiger als Software, Computerwoche, 03.05.2002, Nr. 18, S. 42
aus WirtschaftsBlatt, 01.06.2002, Nr. 1633, S. E23

(5) Fusionen/Der Best-Fit-Ansatz, Vorhandene Synergien nutzen, Computerwoche, 03.05.2002, Nr.18, S. 38-39
aus WirtschaftsBlatt, 01.06.2002, Nr. 1633, S. E23

(6) Nach dem Schlucken muss erst einmal verdaut werden, Oberösterreichische Nachrichten, 18.05.2002
aus WirtschaftsBlatt, 01.06.2002, Nr. 1633, S. E23

Impressum

Fusionen - Notwendigkeit und Problematik

Bibliografische Information der deutschen Nationalbibliothek

Die Deutsche Nationalbibliothek verzeichnet diese Publikation in der deutschen Nationalbibliografie; detaillierte bibliografische Daten sind im Internet über http://dnb.d-nb.de abrufbar.

ISBN: 978-3-7379-1176-4

© 2015 GBI-Genios Deutsche Wirtschaftsdatenbank GmbH, Freischützstraße 96, 81927 München, www.genios.de

Alle Rechte vorbehalten. Dieses Werk ist einschließlich aller seiner Teile – z.B. Texte, Tabellen und Grafiken - urheberrechtlich geschützt. Jede Verwertung außerhalb der Grenzen des Urheberrechtsgesetzes bedarf der vorherigen Zustimmung des Verlags. Dies gilt insbesondere auch für auszugsweise Nachdrucke, fotomechanische Vervielfältigungen (Fotokopie/Mikroskopie), Übersetzungen, Auswertungen durch Datenbanken oder ähnliche Einrichtungen und die Einspeicherung und Verarbeitung in elektronischen Systemen.